Vorwort

Liebe Eltern,

mit der Nikitin-Werkstatt haben wir ein Ergänzungsmaterial zu unserer erfolgreichen Nikitin-Serie entwickelt und hoffen, dass auch Sie ein bisschen von unserer Leidenschaft entdecken.

Engagierte Erzieher, Pädagogen und Therapeuten haben die Materialien zusammen mit uns getestet und uns dabei ihre vielen Erfahrungen aus der Praxis weitergegeben.

Übungen zum Bauen und Konstruieren mit Rätseln, Mal- und Ausschneidevorlagen schulen nicht nur Wahrnehmung, Sinneserfahrung und räumliches Vorstellungsvermögen, sondern auch feinmotorische Fähigkeiten und kreatives Gestalten. Die Spielideen unserer Nikitin-Lernspiele sowie auch diese Werkstatt enthalten konkrete Aufgaben, die die Kinder selbstständig lösen und bei denen sie kreative Wege zur Entfaltung der Sinne gehen können.

Übungskarten und Spielvorlagen für zu Hause und unterwegs, ob Kinder erst am Anfang ihres Lernprozesses stehen oder ob sie schon vielfältige Erfahrungen mit dem Nikitin-Material gesammelt haben. Dank der verschiedenen Aufgabenformen kann jedes Kind entsprechend seiner Fähigkeiten spielend gefordert und gefördert werden.

Wir wünschen Ihnen und Ihren Kindern viel Spaß mit unserer Nikitin-Werkstatt.

Liebe Pädagogen, Erzieher und Therapeuten,

für die Gruppenarbeit können Sie sich die Arbeitsblätter und zusätzliche Kopiervorlagen als Download auf unserer Homepage www.logo-verlag.de herunterladen.

Logische Reihen N8

Im Fokus dieser Werkstatt stehen die Logischen Reihen N8

Vier Farben - Rot, Blau, Gelb und Grün - und drei Symbole - Quadrat, Kreis, Stern - sollen nach den Vorlagen zu immer neuen Mustern kombiniert werden.
Mit den Logischen Reihen werden spielerisch Form- und Farbzuordnung, logisches Denken, Strategie und Kombinatorik, Merkfähigkeit und Konzentration trainiert.

Genaues Hinsehen und konzentriertes Nachdenken gehören dazu, wenn aus den 24 bunt bedruckten Holzwürfeln mit Selbstkontrolle immer neue Reihen kombiniert und ganze Flächen ergänzt werden sollen. In den Spielvorlagen „Erinnere dich" geht es darum, sich Form, Farbe und Position des Würfelmotivs einzuprägen und aus dem Gedächtnis nachzulegen. Diese visuelle Vorstellungskraft von Formen und Farben sowie einer räumlichen Struktur sind Voraussetzungen für folgerichtiges, fantasievolles und kreatives Handeln und das Entwickeln von Zielsetzungen. Selbstständig erstellte Muster und Reihen können ebenfalls nachgebaut und gemalt werden.

Die Orientierung auf einer begrenzten Fläche und im Raum wird durch Symmetrien gefördert. Wer Regelmäßigkeiten innerhalb eines begrenzten Raums - Spielfeld/Spielvorlage - erkennt und Reihen logisch fortsetzt, lernt später leichter lesen und schreiben.

Auf den Seiten 5 und 6 erhalten Sie weitere Informationen zu unserer Nikitin-Serie.

WEGWEISER

Diese Symbole zeigen dir, was zu tun ist:

Aufgaben:

 leichte Aufgaben

 schwierige Aufgaben

Arbeitsblätter:

 male oder verbinde

 schneide aus

 klebe auf

 lege nach

Lösungen:

Du brauchst für diese Werkstatt noch weitere Materialien:

• Schere   • Buntstifte   • Klebestift   • zusätzliche Blätter Papier

Für das Nachlegen der Mustervorlagen in einigen Übungen ist es von Vorteil, dass du das entsprechende Material aus der Nikitin-Serie zur Verfügung gestellt bekommst. Wenn du das Nikitin-Material nicht zur Hand hast, kannst du bei den Aufgaben mit dem Symbol „LEGEN" auch die gesamten Würfelflächen malen und ausschneiden. Genügend Vorlagen findest du auf den letzten Seiten.

Hinweis:
Wir haben einen großen Teil der Aufgaben in der Originalgröße (Kantenlänge 3 cm) abgebildet. Bei einigen umfangreichen Aufgaben haben wir eine verkleinerte Darstellungsform gewählt.

WEGWEISER

Und so geht's:

Im roten Rahmen findest du die Aufgabe.
Die Symbole Feder und Gewicht zeigen dir,
ob es sich um eine leichte oder schwierige
Aufgabe handelt.

leichte
Aufgaben
schwierige
Aufgaben

Im schwarzen Rahmen findest
du dein Arbeitsblatt.
Die Symbole Stift, Schere, Klebestift
und Bauklötze zeigen dir an,
was zu tun ist.

male oder
verbinde

schneide aus

klebe auf

lege nach

Blättere um und überprüfe deine
Ergebnisse. Im blauen Rahmen
findest du die Lösung.
Passt alles gut zusammen,
dann schnell weiter mit der
nächsten Übung.

© LOGO Lern-Spiel-Verlag 2011

Das Nikitin - Material

Die „aufbauenden Spiele" wurden von dem Autoren- und Pädagogenehepaar Boris und Lena Nikitin in der zweiten Hälfte des vorigen Jahrhunderts in Russland entwickelt. Sie entstanden im Rahmen eines „Familienexperimentes", in dessen Mittelpunkt die frühkindliche Erziehung ihrer Kinder stand.

Im Zentrum unserer Lernspiele stehen:

- **Sinneserfahrung und Wahrnehmung**
- **inneres und äußeres Gleichgewicht**
- **Aufmerksamkeit und Ausdauer**
- **Auge-Hand-Koordination**
- **Kombinationsbewusstsein erlangen**
- **Konzentration und Kreativität**
- **Psychomotorik und Feinmotorik**
- **Sprachförderung und soziale Kompetenz**
- **Struktur und Raumlage erkennen**

Die Nikitin-Serie besteht aus mittlerweile 10 Lernspielen, welche in sich aufbauend sind, logische und kreative Elemente enthalten und vielseitiges sowie differenziertes Lernen ermöglichen. Die Nikitin-Materialien sind alle mit dem Gütesiegel „spiel gut" ausgezeichnet und als therapeutisch wertvoll anerkannt.

Allen Spielen liegen zwei der wichtigsten Lernprinzipien zu Grunde:
Vom Einfachen zum Schwierigen und selbstständiges Arbeiten je nach den Fähigkeiten des Kindes.

Mit dem Nikitin-Material setzen sich die Kinder mit Basisfunktionen zur Raumlageorientierung und Raumaufteilung auseinander. Die Kinder fördern ihre feinmotorischen Fähigkeiten sowie ihre visuelle, seriale und auditive Wahrnehmungsleistung. Verfeinerte Sinnesempfindung, Gedächtnisleistung, Strukturierungsfähigkeit und kognitive Leistungen werden ebenfalls ausgebaut und geschult. Gefordert werden auch Aufmerksamkeit, Konzentration, Selbstkontrolle, Geduld und Motivation und das alles mit einer großen Portion Spaß, Neugier und Lernfreude.

Das Nikitin-Material auf einen Blick!

N1 Musterwürfel

Best.-Nr. 3001

Rastervorlagen zu N1

Best.-Nr. 3124

N2 Uniwürfel

Best.-Nr. 3002

N3 Quadrate

Best.-Nr. 3013

N4 bausteine

Best.-Nr. 3004

N5 Geowürfel

Best.-Nr. 3005

N6 Zahlentürme
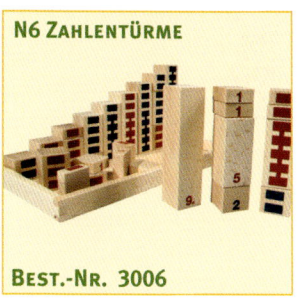
Best.-Nr. 3006

N7 ABC- Würfel

Best.-Nr. 3007

N8 Logische Reihen

Best.-Nr. 3008

N9 Creativo

Best.-Nr. 3049

N10 Matrici

Best.-Nr. 3310

Buch

Best.-Nr. 3009

© LOGO Lern-Spiel-Verlag 2011

Logische Reihen

Die logischen Reihen bestehen aus 24 mehrfarbig bedruckten Holzwürfeln.
Die 24 unterschiedlich bedruckten Würfel haben 3 verschiedene Formen
und 4 Farben. Die Würfelseiten sehen so aus:

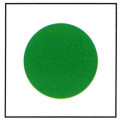  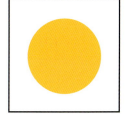 

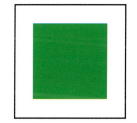    

Logische Reihen **Aufgabe**

Wie viele unterschiedliche Formen siehst du? Male die Formen.

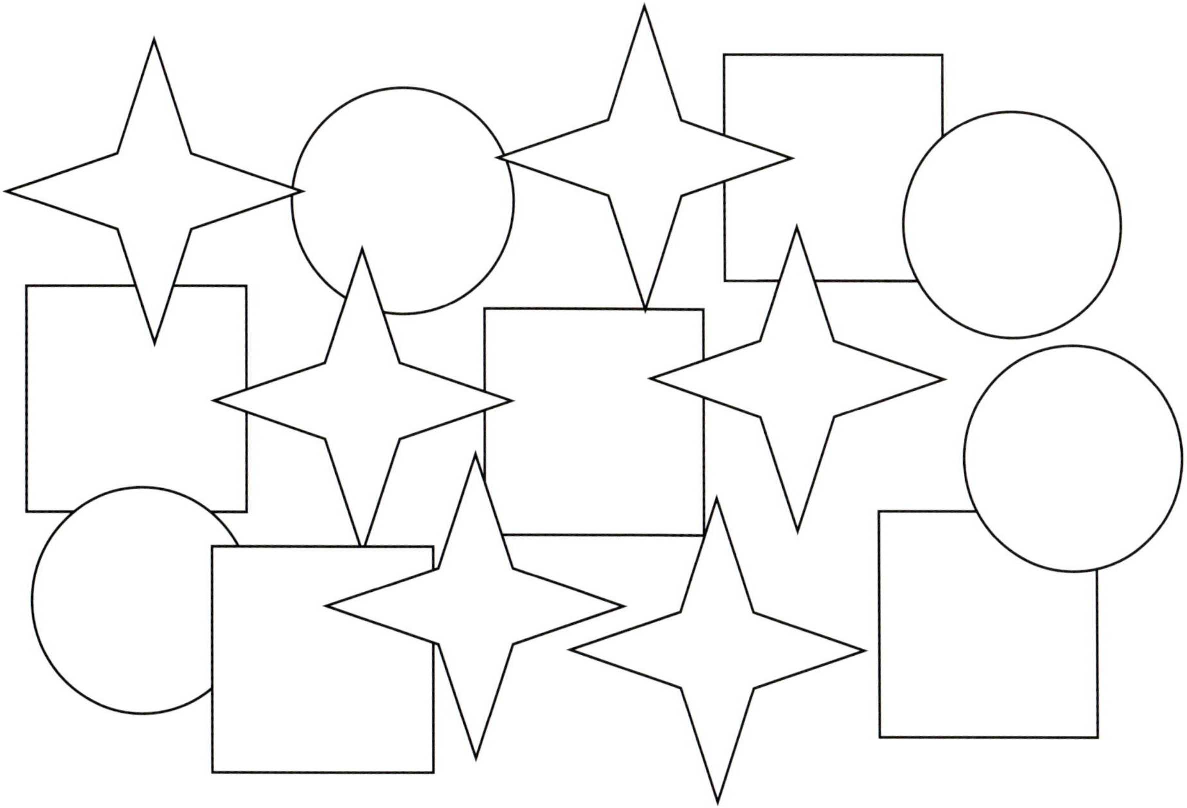

Logische Reihen **Arbeitsblatt**

Logische Reihen **Lösung**

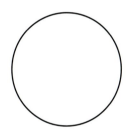  

Logische Reihen **Aufgabe**

Eine Form fehlt. Welche? Male sie jeweils in die Mitte.

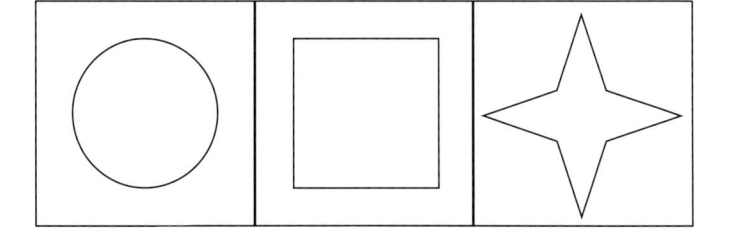

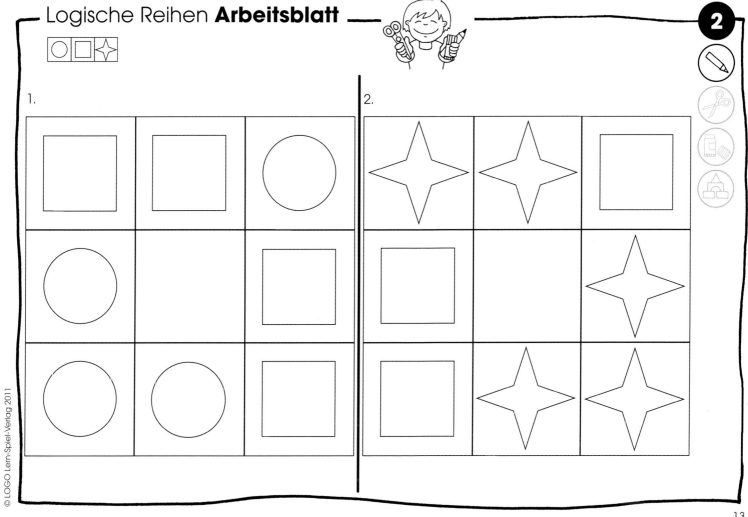

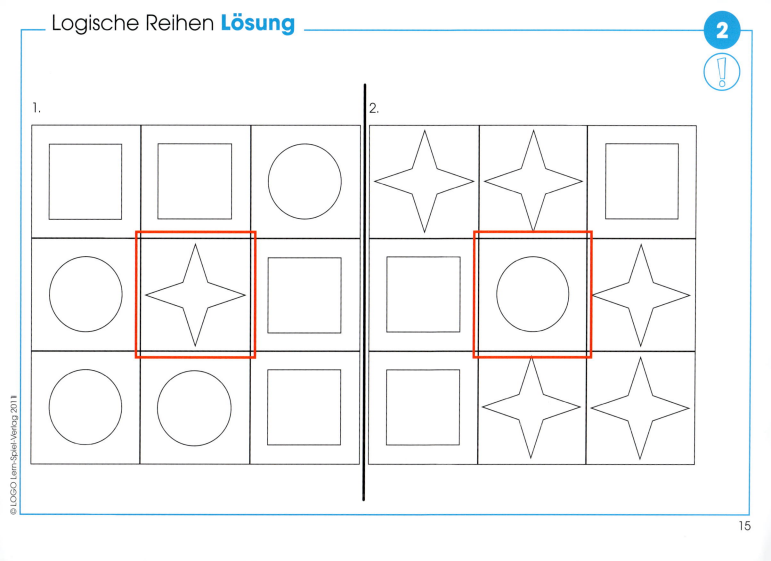

Logische Reihen **Aufgabe**

Male die fehlenden Formen in die richtigen Zeilen.

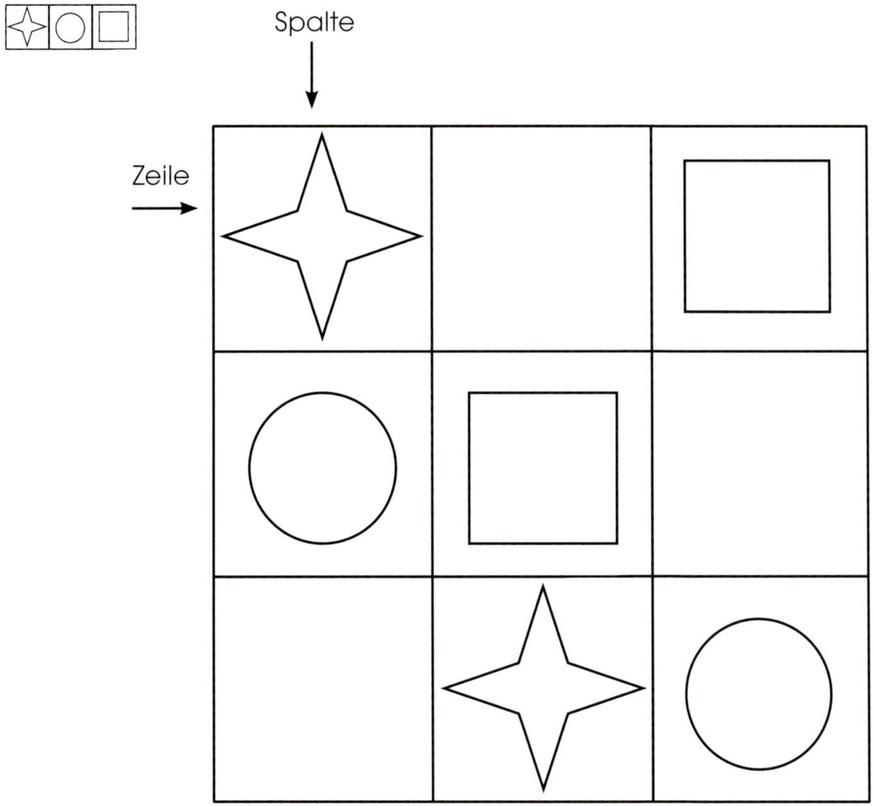

Spalte

Zeile

16

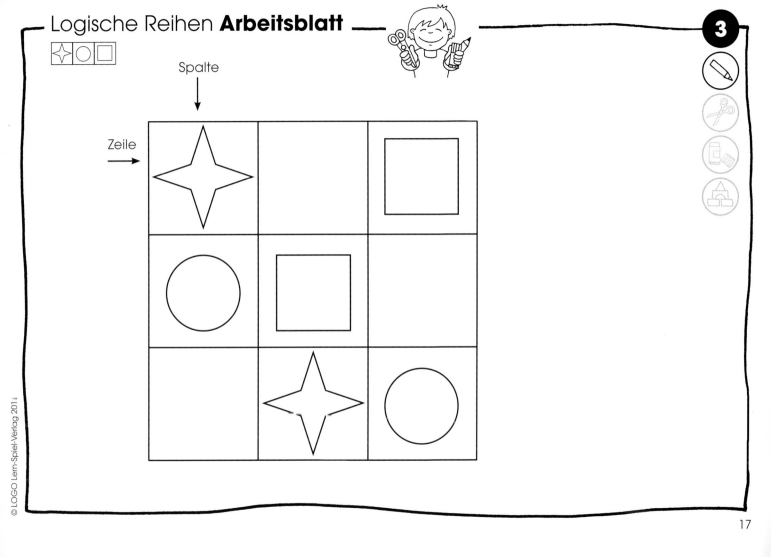

Logische Reihen **Lösung**

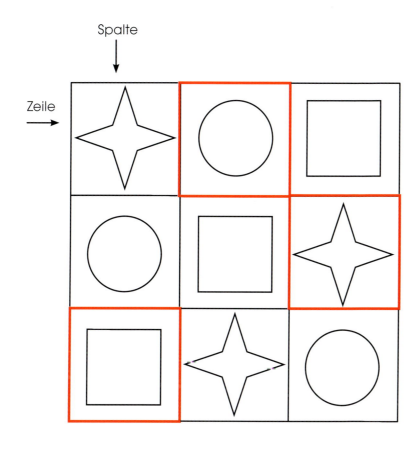

Logische Reihen **Aufgabe**

Verbinde die Punkte. Welche Formen entstehen?

Beispiel:

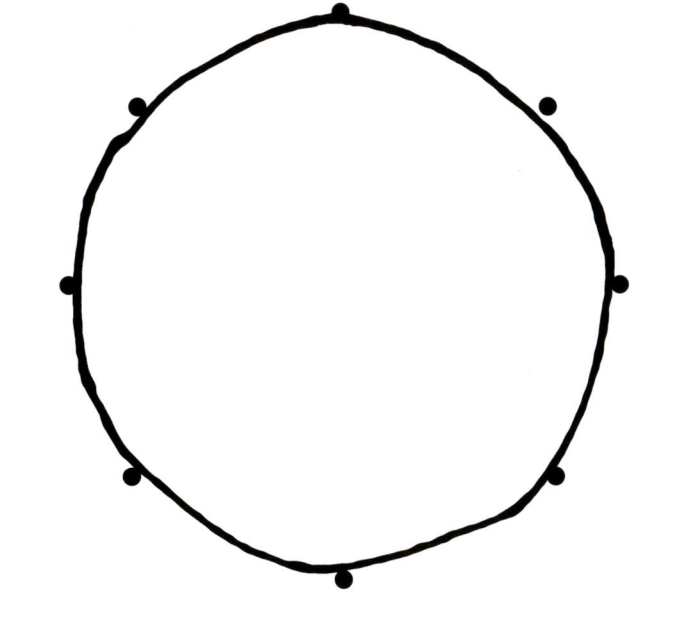

Logische Reihen **Arbeitsblatt**

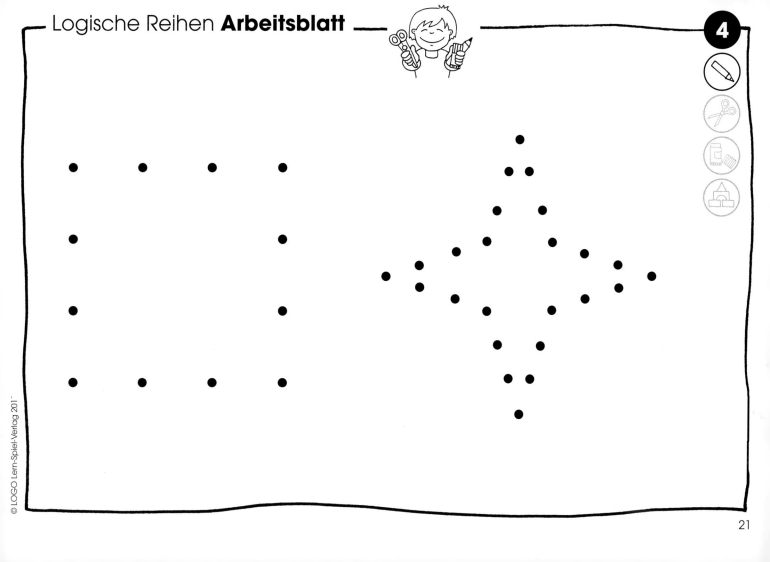

Logische Reihen **Lösung**

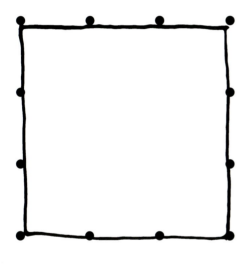
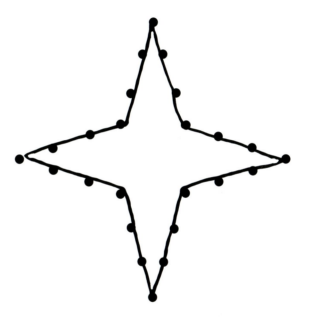

Logische Reihen **Aufgabe**

Suche alle Kreise und kreise sie rot ein.
Suche alle Sterne und kreise sie grün ein.
Suche alle Vierecke und kreise sie blau ein.

5

© LOGO Lern-Spiel-Verlag 2011

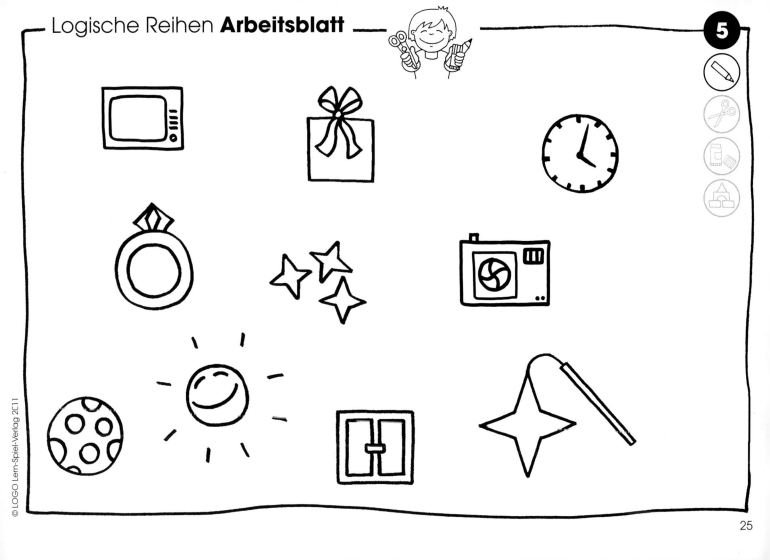

Logische Reihen **Lösung**

Logische Reihen **Aufgabe**

Zeichne die Formen zu Ende.

Beispiel:

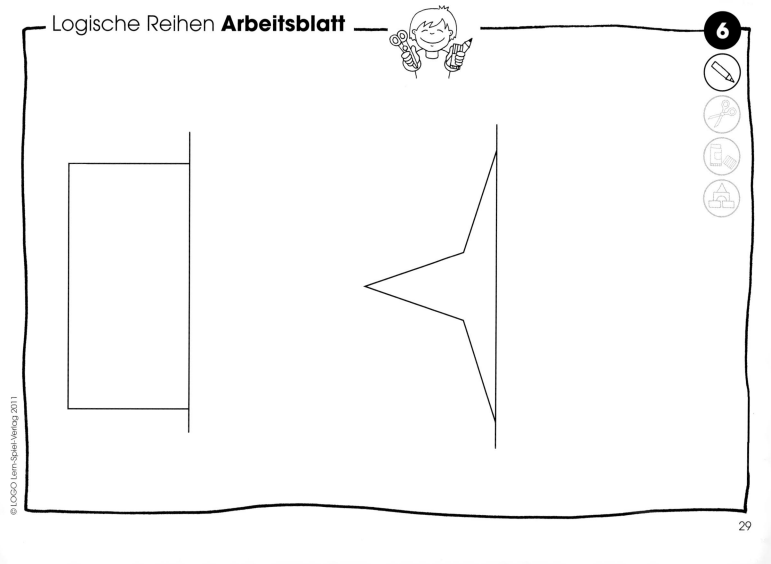

Logische Reihen **Lösung**

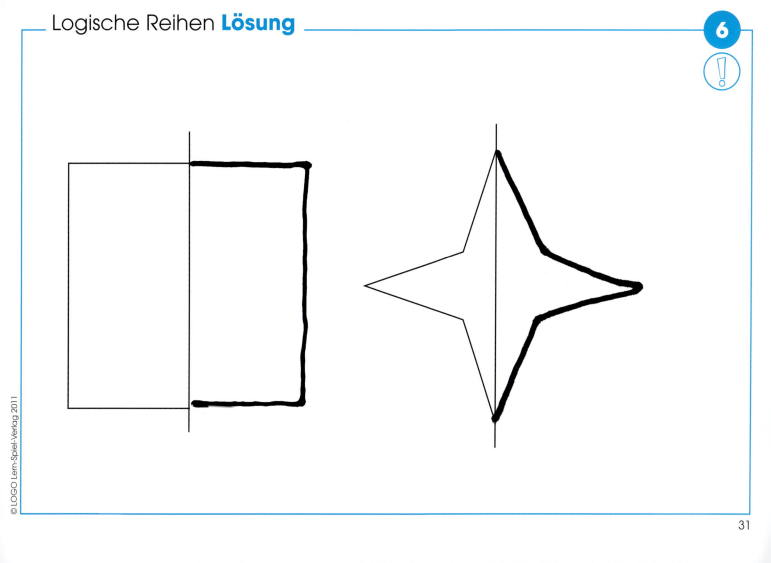

Logische Reihen **Aufgabe**

7

Suche den richtigen Weg durch das Labyrinth.
Versuche den Weg zuerst mit dem Finger zu finden.
Wenn du den richtigen Weg gefunden hast,
male ihn vom Start bis zum Ziel ein.

Logische Reihen **Arbeitsblatt**

Start →

Ziel →

Logische Reihen **Lösung**

Logische Reihen **Aufgabe**

Welche Würfelflächen gehören zu den Logischen Reihen? Male sie.

8

Logische Reihen **Lösung**

Die Reihenfolge der Symbole kann unterschiedlich sein.

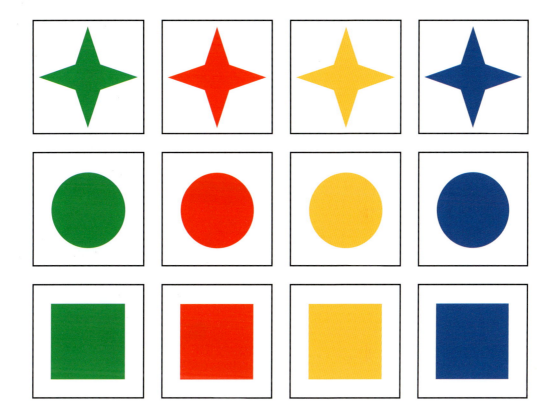

Logische Reihen **Arbeitsblatt**

41

Logische Reihen **Lösung**

Die Reihenfolge der Symbole kann unterschiedlich sein.

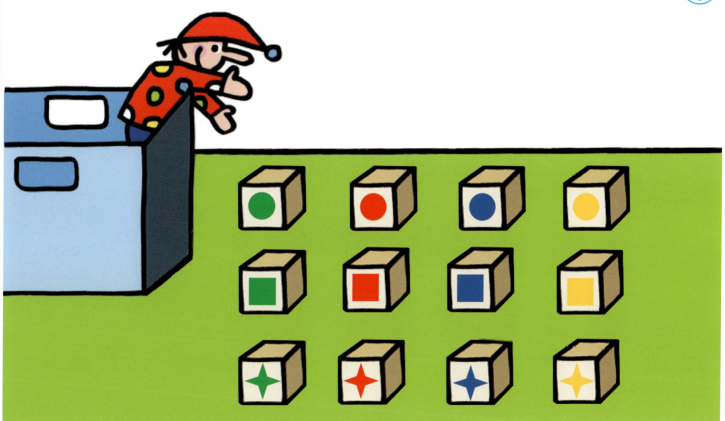

Logische Reihen **Aufgabe**

10

Aus 2 mach 1
Male die Würfelflächen in die richtigen Zeilen.
In dem roten Feld ist schon ein Beispiel vorgegeben.

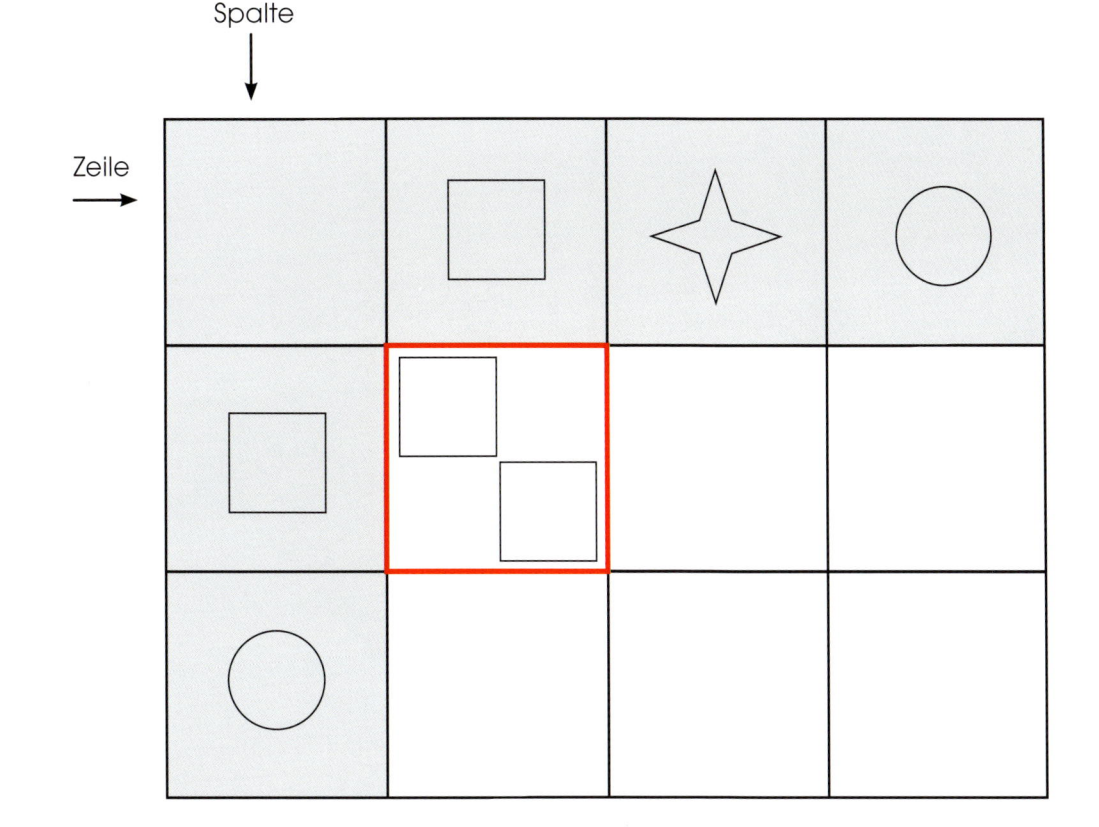

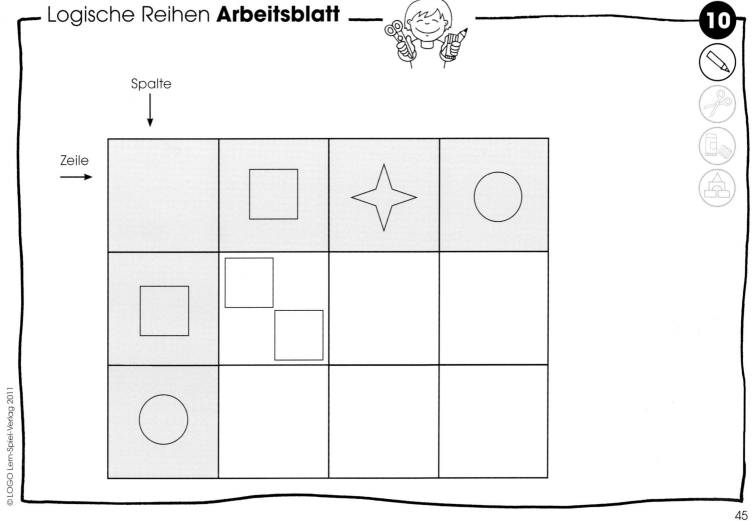

Logische Reihen **Lösung**

Spalte

Zeile

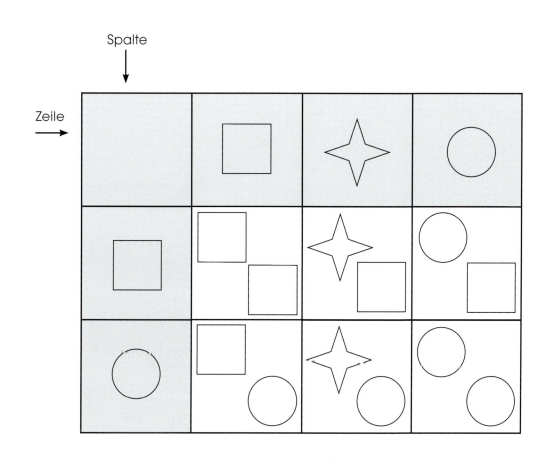

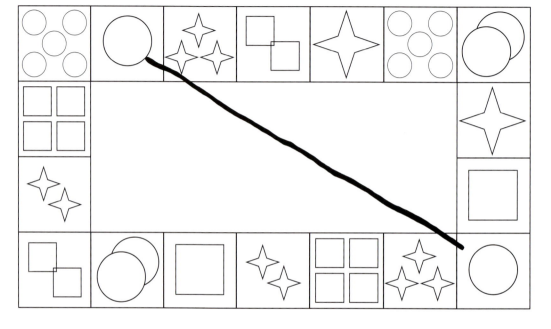

Logische Reihen **Arbeitsblatt**

Logische Reihen **Lösung**

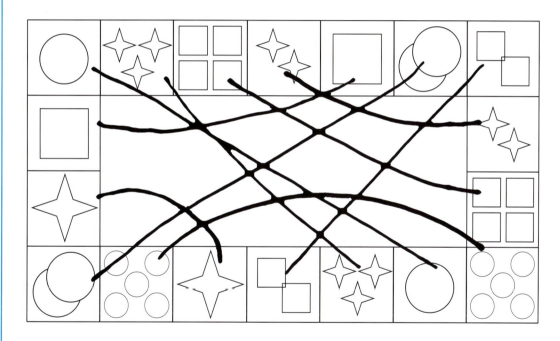

Logische Reihen **Aufgabe**

Vergleiche dein Arbeitsblatt mit dieser Vorlage:
Welche Würfelflächen gehören zu den grauen Feldern?
Male sie.

Logische Reihen **Arbeitsblatt**

12

Logische Reihen **Lösung**

1

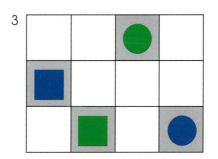

2

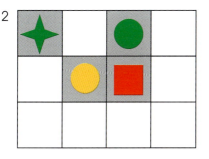

3

4

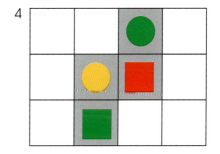

Logische Reihen **Aufgabe**

Vergleiche die linke und die rechte Seite Reihe für Reihe.
Rechts ist immer eine Form falsch. Streiche sie durch
und lege die richtigen Reihen nach.

Logische Reihen **Arbeitsblatt**

13

Logische Reihen **Lösung**

1.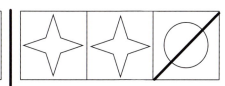
2.
3.
4.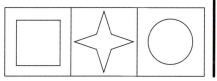

Logische Reihen **Aufgabe**

Vergleiche die linke und die rechte Seite Reihe für Reihe.
Rechts ist immer eine Form falsch. Streiche sie durch
und lege die richtigen Reihen nach.

Logische Reihen **Arbeitsblatt**

5.
6.
7.
8.

Logische Reihen **Lösung**

5.

6.

7.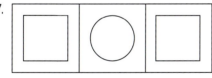

8.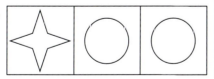

Logische Reihen **Aufgabe**

15

Welche Form fehlt? Male die Reihen weiter und lege sie nach.

Beispiel:

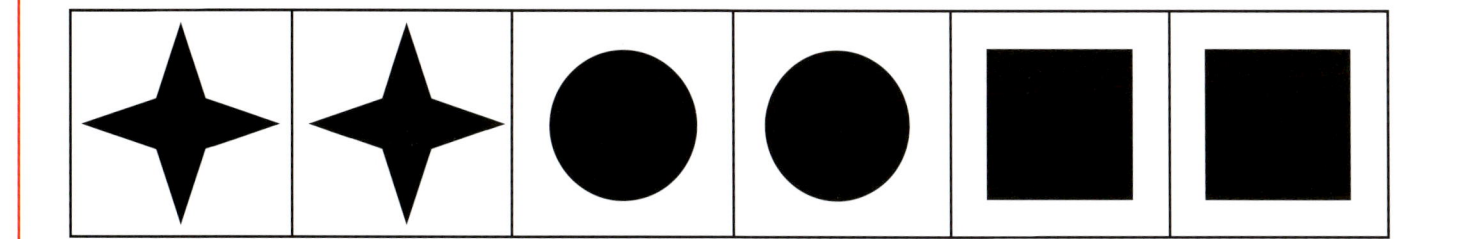

Logische Reihen **Arbeitsblatt**

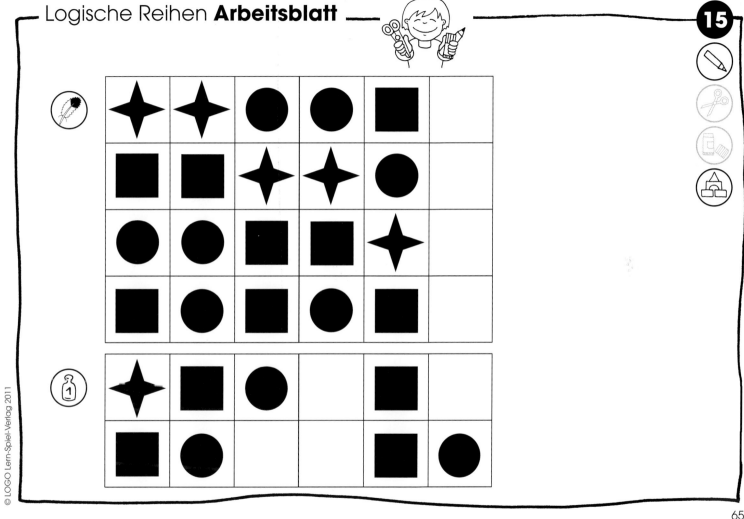

Logische Reihen **Lösung**

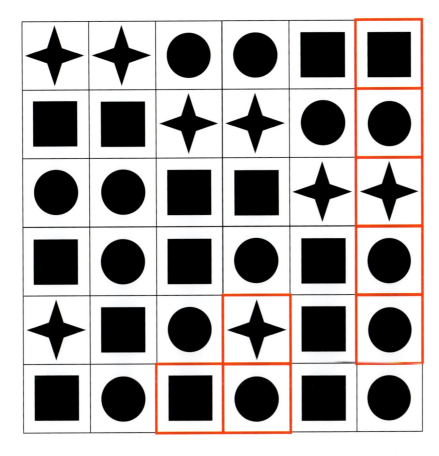

Logische Reihen **Aufgabe**

Achte auf Form und Farbe! Ergänze die Formen in der richtigen Farbe.
Male auf deinem Arbeitsblatt alles richtig. Lege nach.

Beispiel:

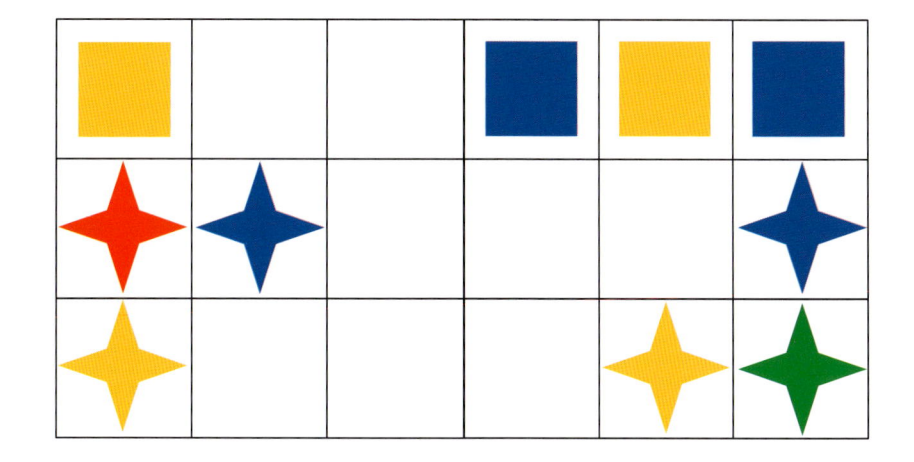

Logische Reihen **Arbeitsblatt**

Logische Reihen **Lösung**

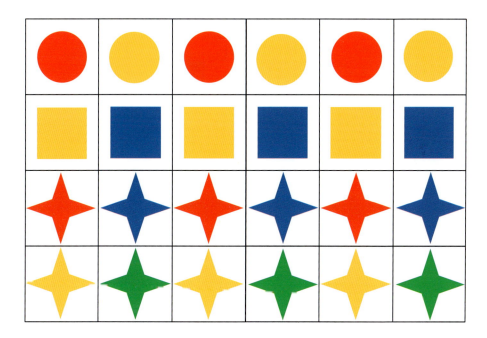

Logische Reihen **Aufgabe**

Vergleiche die linke und die rechte Seite Reihe für Reihe.
Rechts ist immer eine Farbe falsch. Male auf deinem Arbeitsblatt
alles richtig. Lege die Reihen richtig nach.

1.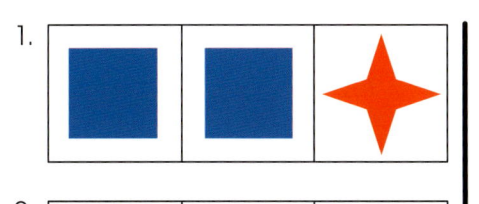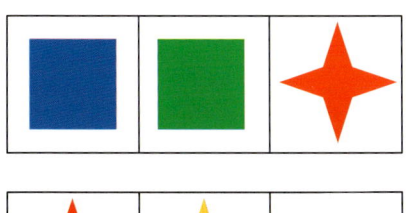

2.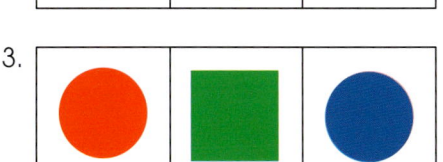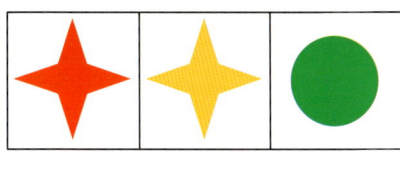

3.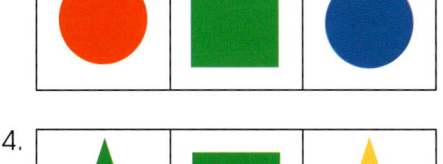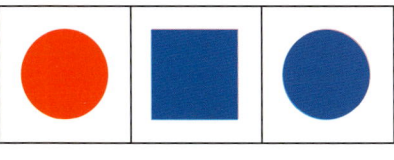

4.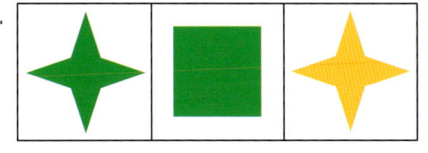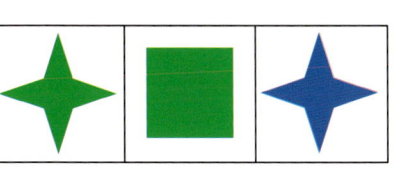

Logische Reihen **Arbeitsblatt**

1.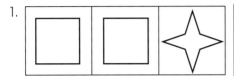
2.
3.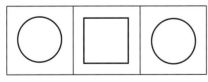
4.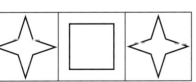

Logische Reihen **Lösung**

Logische Reihen **Aufgabe**

18

Vergleiche die linke und die rechte Seite Reihe für Reihe.
Rechts ist immer eine Farbe falsch. Male auf deinem Arbeitsblatt
alles richtig. Lege die Reihen richtig nach.

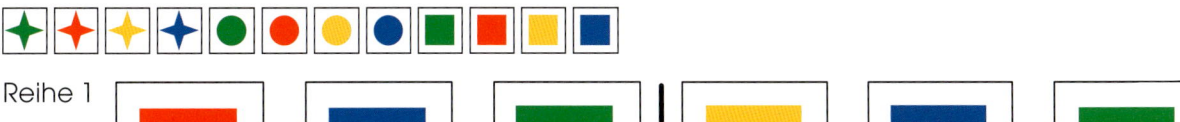

Reihe 1

Reihe 2

Reihe 3

Reihe 4

Logische Reihen **Arbeitsblatt**

Reihe 1

Reihe 2

Reihe 3

Reihe 4

Logische Reihen **Lösung**

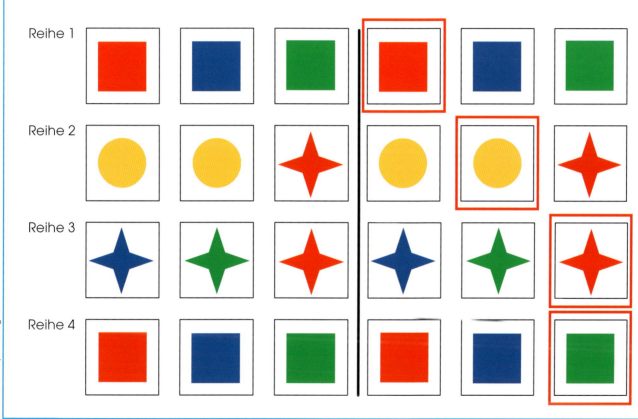

Logische Reihen **Aufgabe**

19

Vergleiche die linke und die rechte Seite Reihe für Reihe.
Rechts ist immer etwas falsch. Male auf deinem Arbeitsblatt
alles richtig. Lege die Reihen richtig nach.

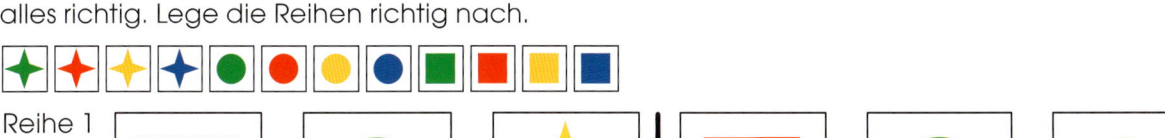

Reihe 1

Reihe 2

Reihe 3

Reihe 4

Logische Reihen **Arbeitsblatt**

Reihe 1

Reihe 2

Reihe 3

Reihe 4

Logische Reihen **Lösung**

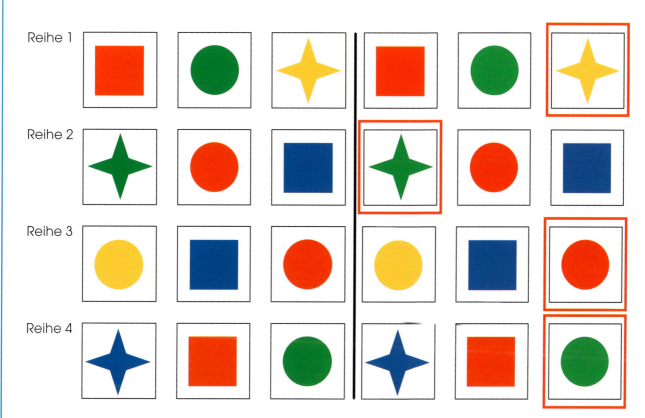

Logische Reihen **Aufgabe**

20

Welche Formen fehlen, male Sie.
In jeder Zeile und in jeder Spalte darf nur einmal die gleiche Form sein.

Spalte

Zeile

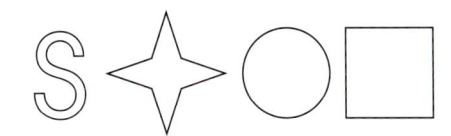

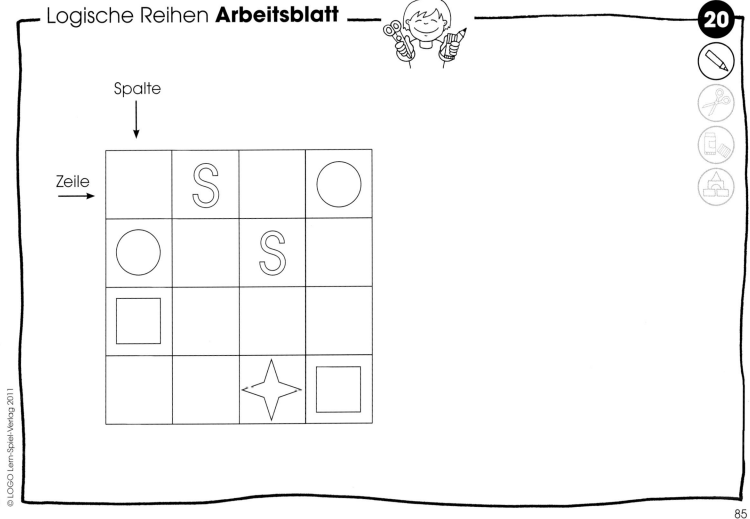

Logische Reihen **Lösung**

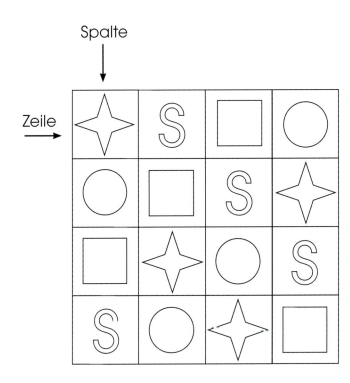

Spalte

Zeile

Logische Reihen **Aufgabe**

Wem gehört der ✦ ?

Oles Stern liegt zwischen dem ✦ und dem ✦ Stern.

Lisas Stern ist nicht rot.

Der erste Stern gehört Nisse.

Logische Reihen **Arbeitsblatt**

  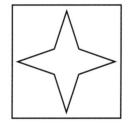

Name: _____   _____   _____

Logische Reihen **Lösung**

Name: Nisse　　　　　Ole　　　　　Lisa

Logische Reihen **Aufgabe**

22

Wo ist ■ ?

Der ● liegt zwischen dem ■ und dem ✦ .

Das ■ liegt nicht neben dem ■ .

Der ✦ liegt ganz rechts.

Der ● liegt zwischen dem ■ und dem ■ .

Logische Reihen **Arbeitsblatt**

Wo liegt das rote Viereck? An ____ Stelle.

Logische Reihen **Lösung**

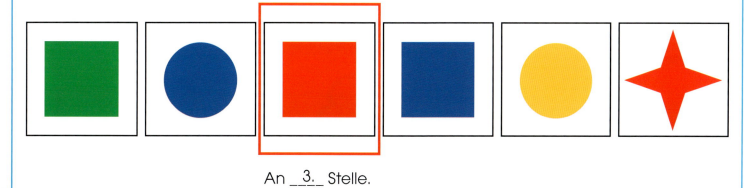

An _3._ Stelle.

Logische Reihen **Arbeitsblatt**

Logische Reihen **Lösung**

Logische Reihen **Aufgabe**

24

Wo ist 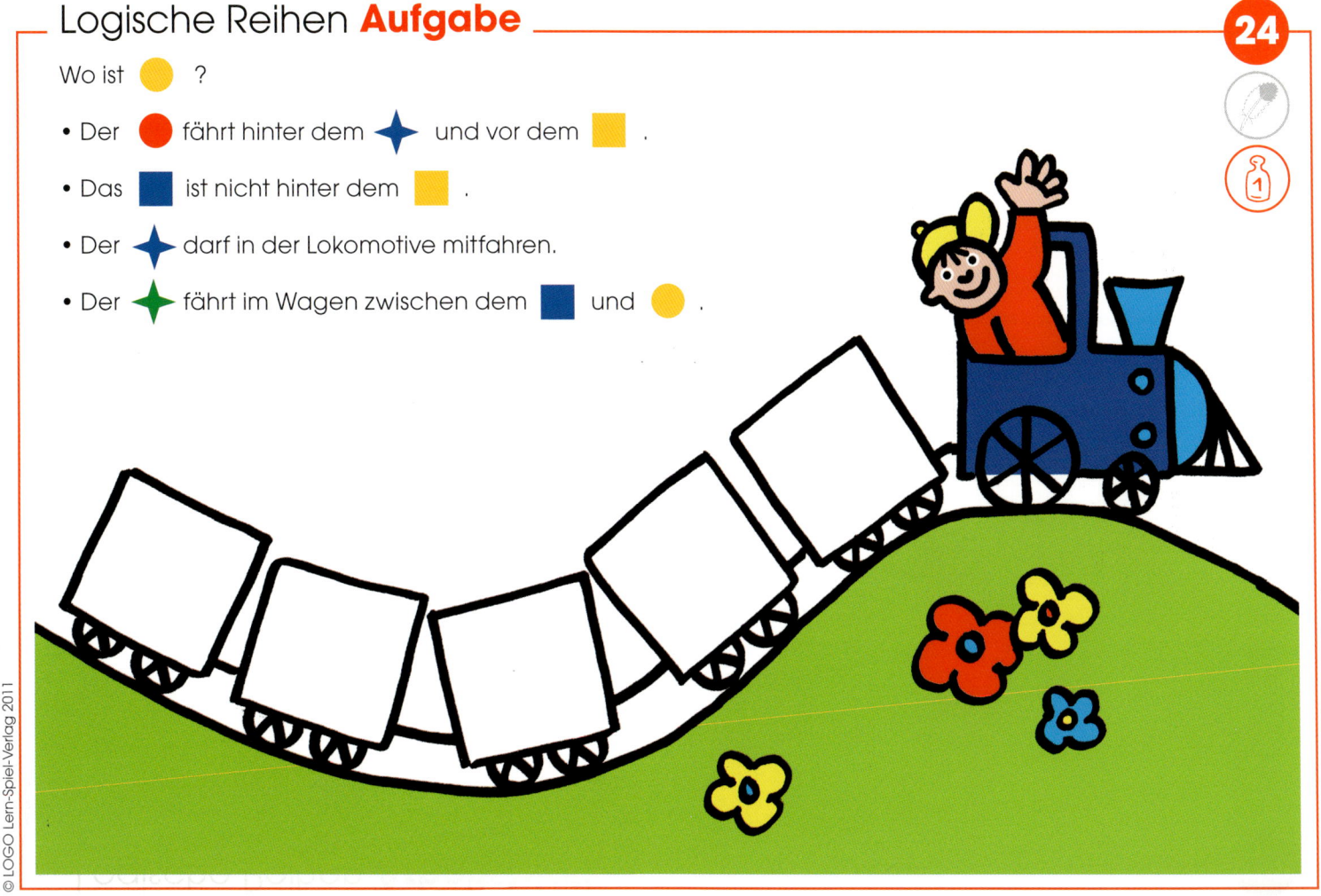 ?

- Der ● fährt hinter dem ✦ und vor dem ▪ .

- Das ▪ ist nicht hinter dem ▪ .

- Der ✦ darf in der Lokomotive mitfahren.

- Der ✦ fährt im Wagen zwischen dem ▪ und ● .

Logische Reihen **Arbeitsblatt**

Logische Reihen **Lösung**

Logische Reihen **Arbeitsblatt Vorlagen**